Impressum
Verlag: BABADADA GmbH, Nedderfeld 112 , 22529 Hamburg
Geschäftsführer / Verlagsleitung: Harald Hof
Druck: Books on Demand GmbH, In de Tarpen 42, 22848 Norderstedt

Imprint
Publisher: BABADADA GmbH, Nedderfeld 112 , 22529 Hamburg, Germany
Managing Director / Publishing direction: Harald Hof
Print: Books on Demand GmbH, In de Tarpen 42, 22848 Norderstedt, Germany

skole
shkolla

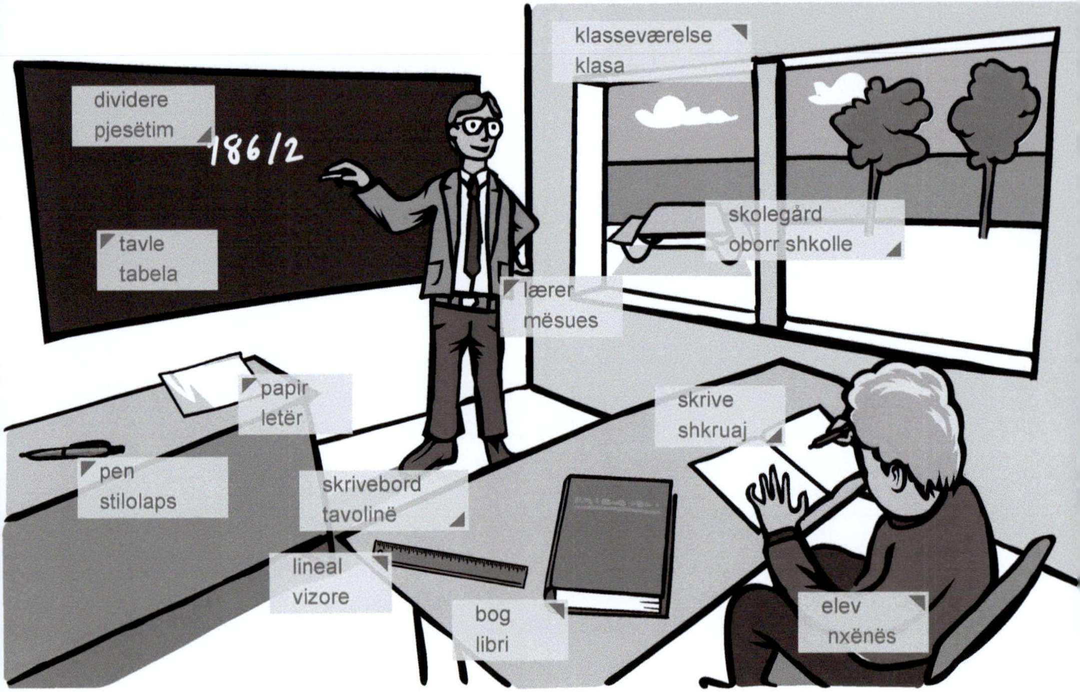

klasseværelse
klasa
dividere
pjesëtim
186/2
tavle
tabela
skolegård
oborr shkolle
lærer
mësues
papir
letër
skrive
shkruaj
pen
stilolaps
skrivebord
tavolinë
lineal
vizore
bog
libri
elev
nxënës

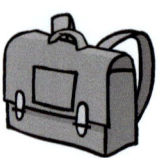

skoletaske

çantë

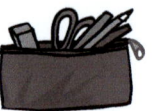

penalhus

mbajtëse lapsash

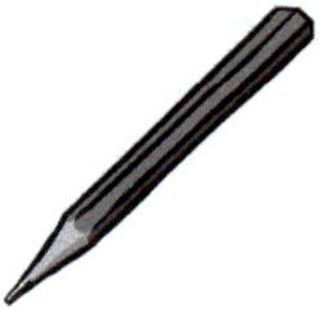

blyant

laps

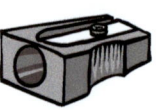

blyantspidser

mprehës lapsash

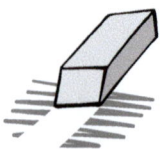

viskelæder

gomë

tegneblok

fletore vizatimi

tegning

vizatim

pensel

penel

æske med vandfarver

kuti bojërash

saks

gërshërë

lim

ngjitës

opgavehefte

fletore detyrash

lektie

detyrë shtëpie

12

tal

numër

2+2

addere

mbledh

5-2

subtrahere

zbres

2×2

multiplicere

shumëzoj

regne

llogaris

A

bogstav

gërmë

ABCDEFG
HIJKLMN
OPQRSTU
VWXYZ

alfabet

alfabeti

hello

ord

fjalë

tekst

tekst

læse

lexoj

kridt

shkumës

time

mësim

klasseprotokol

regjistër

eksamen

provim

karakterbog

çertifikatë

skoleuniform

uniformë shkolle

uddannelse

arsimim

leksikon

enciklopedia

universitet

universitet

mikroskop

mikroskop

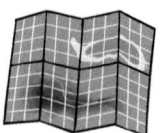

kort

hartë

papirkurv

kosh letrash

rejse
udhëtim

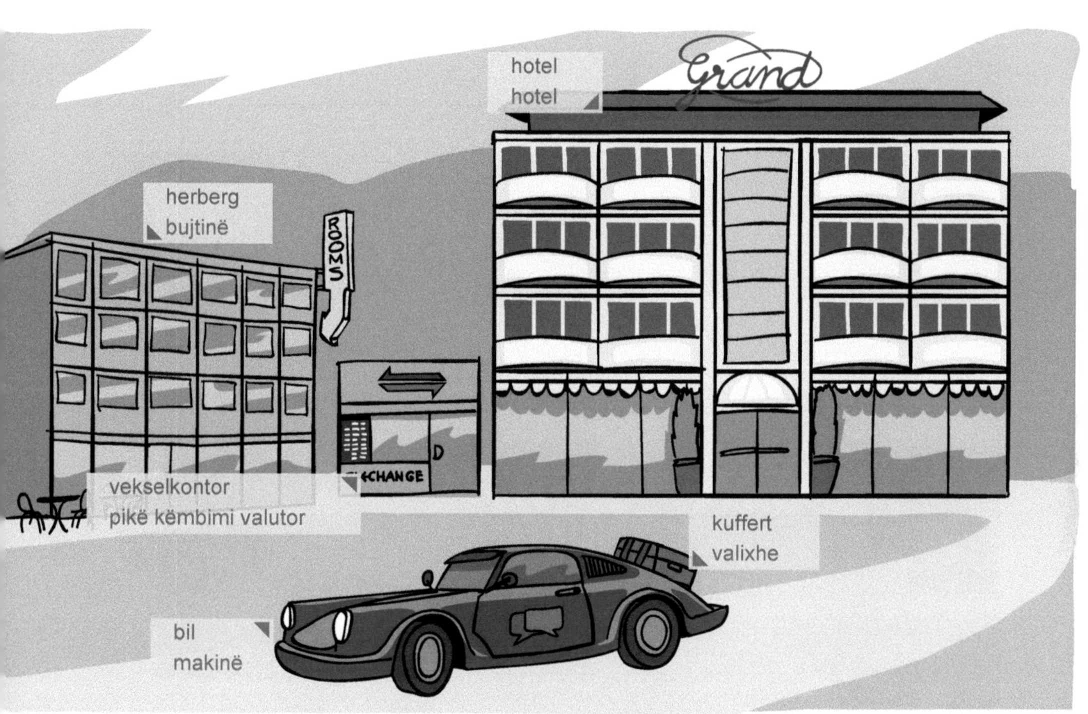
hotel
hotel
Grand
herberg
bujtinë
ROOMS
EXCHANGE
vekselkontor
pikë këmbimi valutor
kuffert
valixhe
bil
makinë

sprog
gjuhë

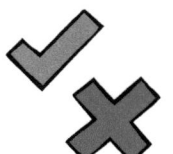

ja / nej
po / jo

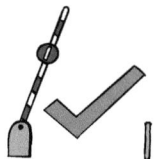

okay
Në rregull

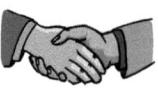

hej
ç'kemi

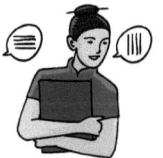

oversætter
përkthyes

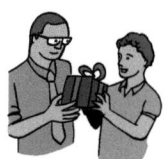

tak
Faleminderit

hvad koster...?

sa kushton...?

Jeg forstår ikke

nuk e kuptoj

problem

problem

God aften!

Mirëmbrëma!

God morgen!

Mirëmëngjes!

God nat!

Natën e mirë!

farvel

mirupafshim

retning

drejtim

bagage

bagazhet

taske

çantë

rygsæk

çantë shpine

gæst

mysafir

værelse

dhomë

sovepose

thes gjumi

telt

tendë

turistinformation

informacion për turistët

strand

plazh

kreditkort

kartë krediti

morgenmad

mëngjes

middagsmad

drekë

aftensmad

darkë

billet

Biletë

elevator

ashensor

frimærke

pulla

grænse

kufi

told

doganë

ambassade

ambasadë

visum

vizë

pas

pasaportë

rejse - udhëtim

transport

transport

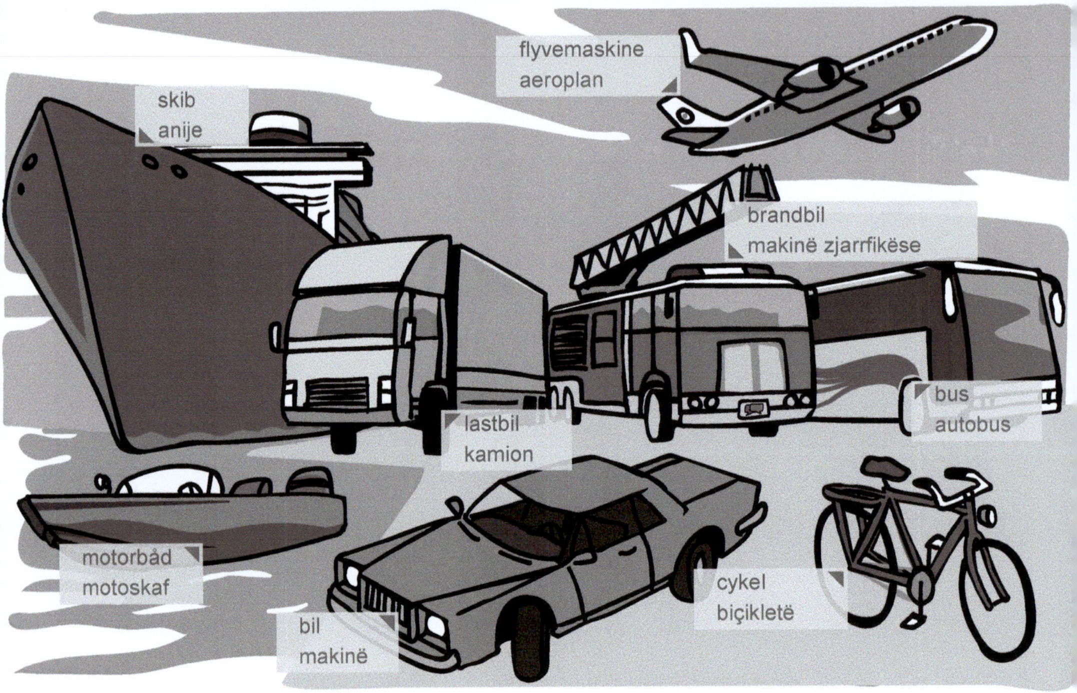
flyvemaskine
aeroplan
skib
anije
brandbil
makinë zjarrfikëse
bus
autobus
lastbil
kamion
motorbåd
motoskaf
cykel
biçikletë
bil
makinë

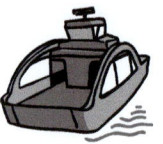

færge

traget

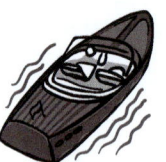

båd

varkë

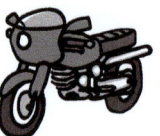

motorcykel

motoçikletë

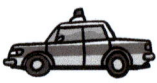

politibil

makinë policie

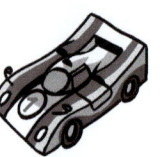

racerbil

makinë garash

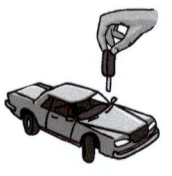

lejebil

makinë me qira

samkørsel

ndarje e qirasë së makinës

kranbil

karroatrec

skraldebil

makinë plehrash

motor

motor

benzin

benzinë

tankstation

pikë karburanti

trafikskilt

sinjalistikë trafiku

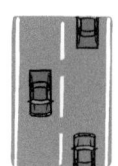

trafik

trafik

trafikprop

bllokim trafiku

parkeringsplads

parkim makinash

banegård

stacion treni

skinner

trase

tog

tren

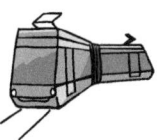

sporvogn

tramvaj

wagon

karro

helikopter

helikopter

lufthavn

aeroport

tårn

kullë

passager

pasagjer

container

kontenier

karton

kuti kartoni

kærre

qerre

kurv

shportë

starte / lande

ngrihem / ulem

by

qytet

landsby

fshat

bymidte

qendra e qytetit

hus

shtëpi

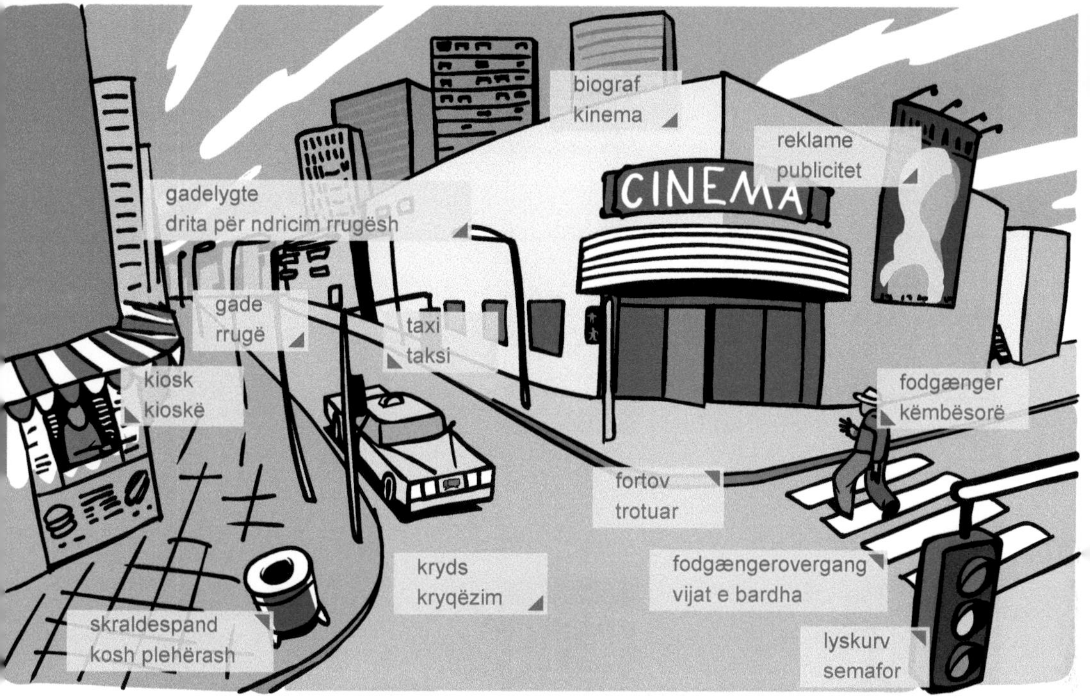

biograf
kinema

reklame
publicitet

gadelygte
drita për ndricim rrugësh

gade
rrugë

taxi
taksi

kiosk
kioskë

fodgænger
këmbësorë

fortov
trotuar

kryds
kryqëzim

fodgængerovergang
vijat e bardha

skraldespand
kosh plehërash

lyskurv
semafor

hytte

kasolle

lejlighed

apartament

banegård

stacion treni

rådhus

bashki

museum

muze

skole

shkolla

universitet

universitet

bank

bankë

sygehus

spital

hotel

hotel

apotek

farmaci

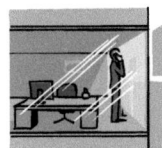

kontor

zyrë

boghandel

librari

butik

dyqan

blomsterbutik

dyqan lulesh

supermarked

supermarket

marked

market

stormagasin

mapo

fiskehandler

dyqan peshku

butikscenter

qëndër tregtare

havn

port

park

park

bænk

stol

bro

urë

trappe

shkallë

undergrundsbane

metro

tunnel

tunel

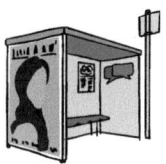

busstoppested

stacion autobuzi

barnevogn

bar

restaurant

restorant

postkasse

kuti postare

vejskilt

sinjalistikë rrugore

parkometer

kohëmatës parkimi

zoo

kopsht zoologjik

badeanstalt

pishinë

moske

xhami

bondegård

fermë

miljøforurening

ndotje

kirkegård

varrezë

kirke

kishë

legeplads

shesh lojërash

tempel

tempull

landskab

peisazh

blad
gjethe

vejviser
tabela orientuese

vej
rrugë

eng
livadh

sten
gurë

vandrer
ekskursionist

træ
pemë

flod
lumë

græs
bar

blomst
lule

dal
luginë

bjerg
kodër

sø
liqen

skov
pyll

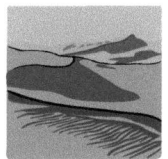

ørken
shkretëtirë

vulkan
vullkan

slot
kështjellë

regnbue
ylber

svamp
kepudhë

palme
palmë

moskito
mushkonjë

flue
mizë

myre
milingonë

bi
bletë

edderkop
merimangë

bille
brumbull

frø
bretkosë

egern
ketër

pindsvin
iriq

hare
lepur

ugle
buf

fugl
zog

svane
mjellmë

vildsvin
derr i egër

hjort
dre

elg
dre brilopatë

dæmning
digë

vindmølle
turbinë ere

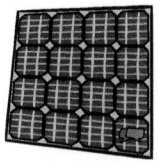

solcellemodul
panel diellor

klima
klimë

tjener
kamarier

spisekort
menu

stol
karrige

suppe
supë

pizza
pica

bestik
set ngrënieje

borddug
mbulesë tavoline

forret
pjatë e parë

hovedret
pjatë kryesore

dessert
ëmbëlsirë

drikkevarer
pije

mad
ushqim

flaske
shishe

fastfood

ushqim i shpejtë

streetfood

ushqim i shërbyer në rrugë

tekande

ibrik çaji

sukkerdåse

kuti sheqeri

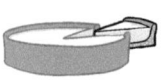

portion

racion

espressomaskine

makinë kafeje ekspres

barnestol

karrige e lartë

faktura

faturë

tablet

tabaka

kniv

thika

gaffel

pirun

ske

lugë

teske

lugë çaji

serviet

pecetë

glas

gotë

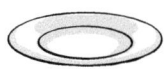

tallerken

pjatë

dyb tallerken

pjatë supe

underkop

pjatë filxhani

sovs

salcë

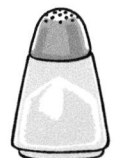

saltbøsse

mbajtëse kripe

peberkværn

mulli piperi

eddike

uthull

olie

vaj

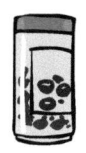

krydderier

erëza

ketchup

keçap

sennep

mustardë

mayonnaise

majonezë

supermarked

supermarket

tilbud
ofertë speciale
FOR
kunde
klient
mælkeprodukter
produkte bulmeti
frugt
frut
indkøbsvogn
karrocë pazari

BUTCHERS

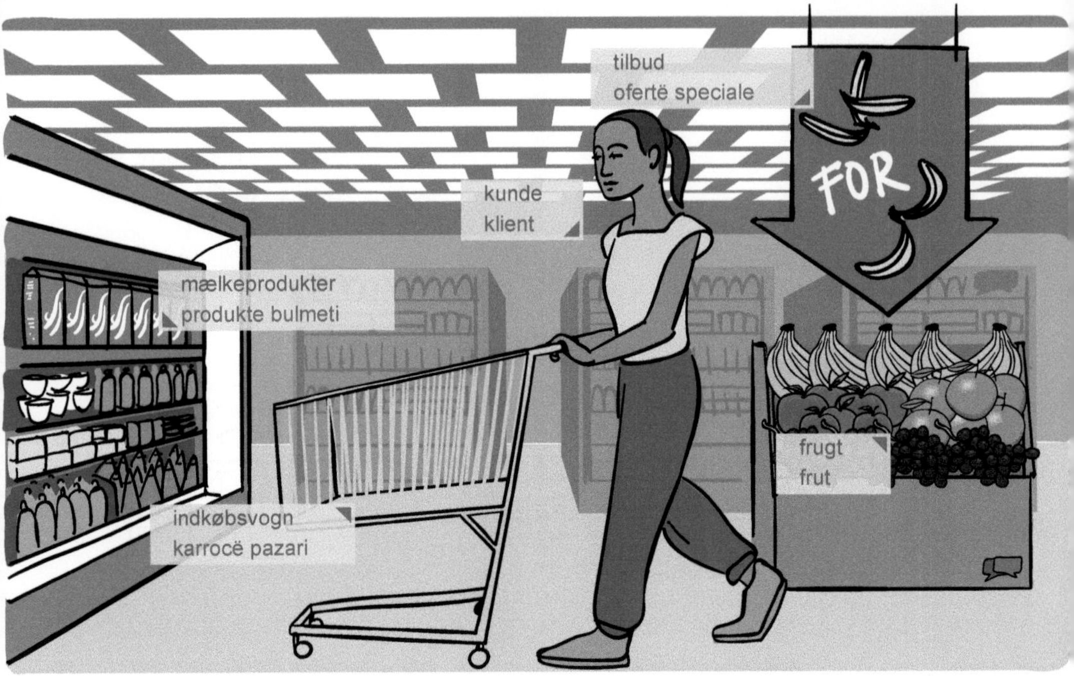

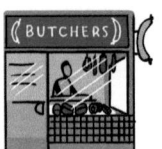

slagter

dyqan mishi

BAKERY

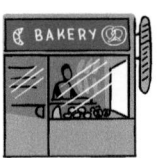

bageri

furrë buke

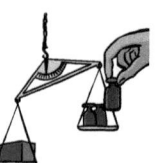

veje

peshoj

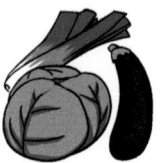

grøntsager

perime

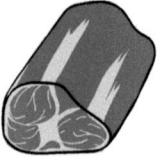

kød

mish

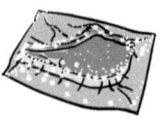

frostvarer

ushqim i ngrirë

pålæg

copë

konserves

ushqim i konservuar

vaskemiddel

pluhur larës

slik

ëmbëlsirat

husholdningsvarer

prodhime shtëpie

rengøringsmidler

produkte pastrimi

ekspedient

shitëse

kasse

kasë fiskale

kasserer

arkëtar

indkøbsliste

listë blerjeje

åbningstider

oraret e punës

tegnebog

portofol

kreditkort

kartë krediti

taske

çantë

plasticpose

qese plastike

vand

ujë

saft

lëng frutash

mælk

qumësht

cola

koka-kola

vin

verë

øl

birrë

alkohol

alkool

kakao

kakao

te

çaj

kaffe

kafe

espresso

kafe ekspres

cappuccino

kapuçino

banan

banane

æble

mollë

appelsin

portokalle

melon

pjepër

citron

limon

gulerod

karrotë

hvidløg

hudhër

bambus

bambu

løg

qepë

svamp

kërpudha

nødder

arra

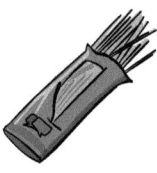

nudler

makarona

spaghetti

spageti

ris

oriz

salat

sallatë

pomfritter

patate të skuqura

stegte kartofler

patate të skuqura

pizza

pica

hamburger

hamburger

sandwich

sanduiç

schnitzel

shnicel

skinke

proshutë

salami

sallam

pølse

salçiçe

kylling

pulë

steg

skuq

fisk

peshk

havregryn

tërshërë

mysli

drithëra

cornflakes

kornfleiks

mel

miell

croissant

kruasant

rundstykke

panine

brød

bukë

toast

tost

kiks

biskotë

smør

gjalp

kvark

gjizë

kage

tortë

æg

vezë

spejlæg

vezë sy

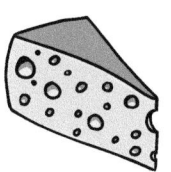

ost

djathë

mad - ushqim

is

akullore

sukker

sheqer

honning

mjaltë

marmelade

marmaladë

nougat-creme

çokokrem

karry

këri

bondegård
fermë

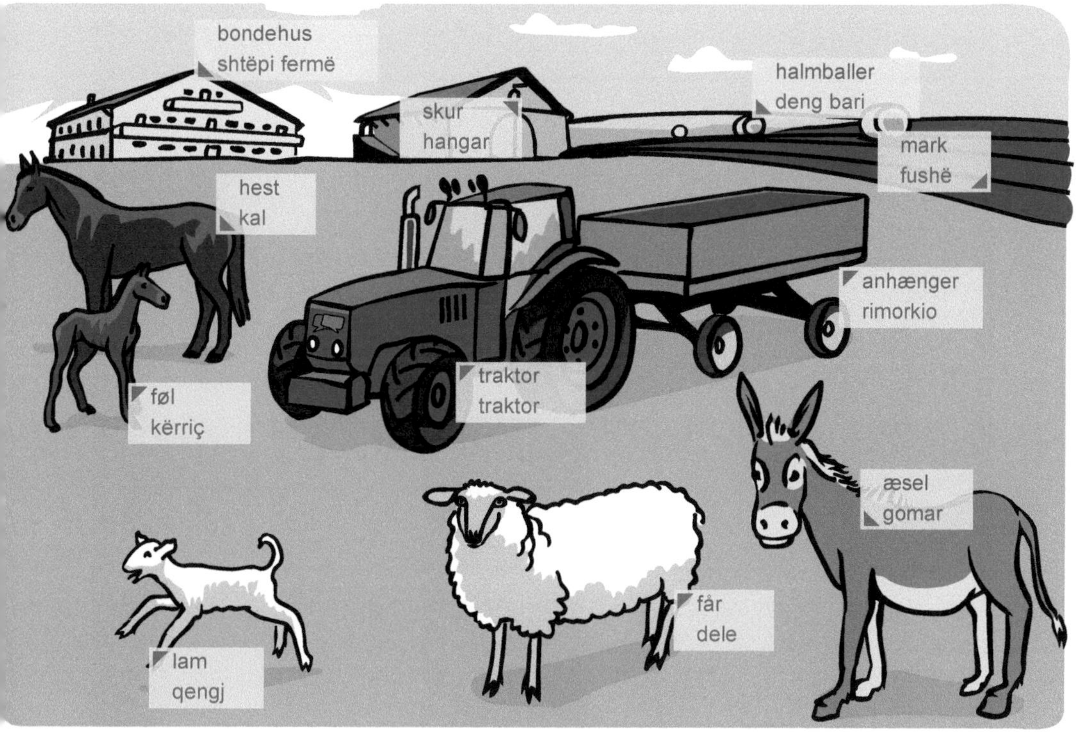

bondehus
shtëpi fermë
skur
hangar
halmballer
deng bari
mark
fushë
hest
kal
anhænger
rimorkio
traktor
traktor
føl
kërriç
æsel
gomar
får
dele
lam
qengj

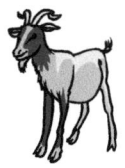

ged

dhi

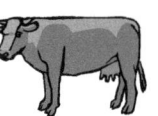

ko

lopë

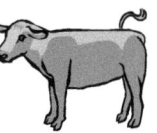

kalv

viç

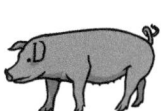

svin

derr

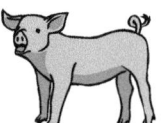

gris

derrkuc

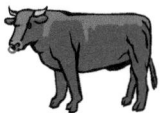

tyr

dem

gås

patë

and

rosë

kylling

zog pule

høne

pulë

hane

gjel

rotte

mi

kat

mace

mus

mi

okse

buall

hund

qen

hundehus

kolibe qeni

haveslange

zorrë vaditëse

vandkande

vaditëse

le

kosë

plov

plug

segl

drapër

hakkejern

shat

møggreb

kosa

økse

sëpatë

trillebør

karrocë

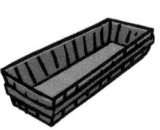

trug

govatë

mælkekande

bidon qumështi

sæk

thes

hæk

gardh

stald

ahur

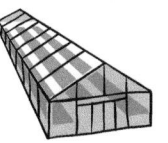

drivhus

serë

jord

dhe

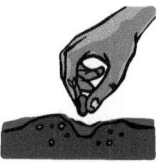

frø

farë

gødning

pleh

mejetærsker

autokombanjë

høste

korr

høst

te korrat

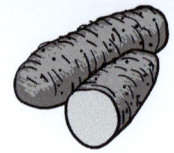

yams

patate e ëmbël "Yam"

hvede

grurë

soja

soja

kartoffel

patate

majs

misër

raps

raps

frugttræ

pemë frutore

maniok

zhardhok manioku

korn

drithëra

hus
shtëpi

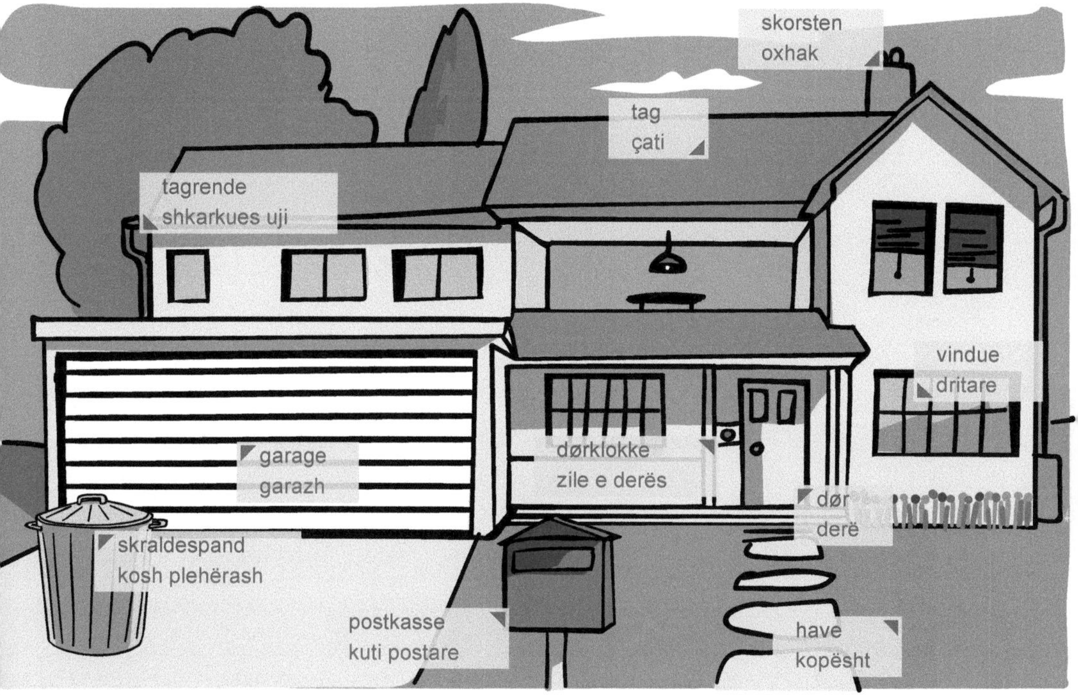
skorsten
oxhak
tag
çati
tagrende
shkarkues uji
vindue
dritare
garage
garazh
dørklokke
zile e derës
dør
derë
skraldespand
kosh plehërash
postkasse
kuti postare
have
kopësht

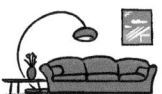

stue
dhomë ndenjeje

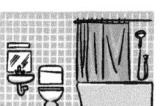

badeværelse
tualet

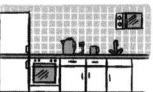

køkken
kuzhinë

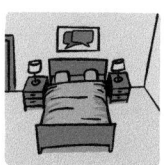

soveværelse
dhomë gjumi

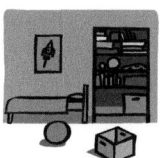

børneværelse
dhomë fëmijësh

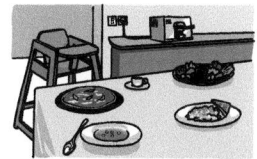

spisestue
dhomë ngrënieje

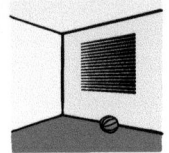

gulv

dysheme

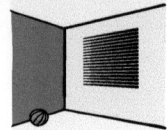

væg

mur

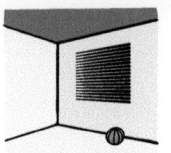

loft

tavan

kælder

bodrum

sauna

sauna

altan

ballkon

terrasse

tarracë

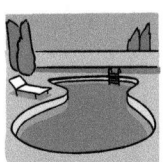

svømmehal

pishinë

plæneklipper

kositëse bari

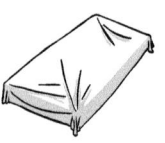

dynebetræk

çarçaf

dyne

kuvertë

seng

krevat

kost

fshesë dore

spand

kovë

kontakt

çelës

stue
dhomë ndenjeje

tapet
tapiceri
billede
fotografi
lampe
llambë
reol
raft
skab
dollap
fjernsyn
pajisje televizive
pejs
vatër
blomst
lule
pude
jastëk
sofa
divan
vase
vazo
fjernbetjening
telekomandë

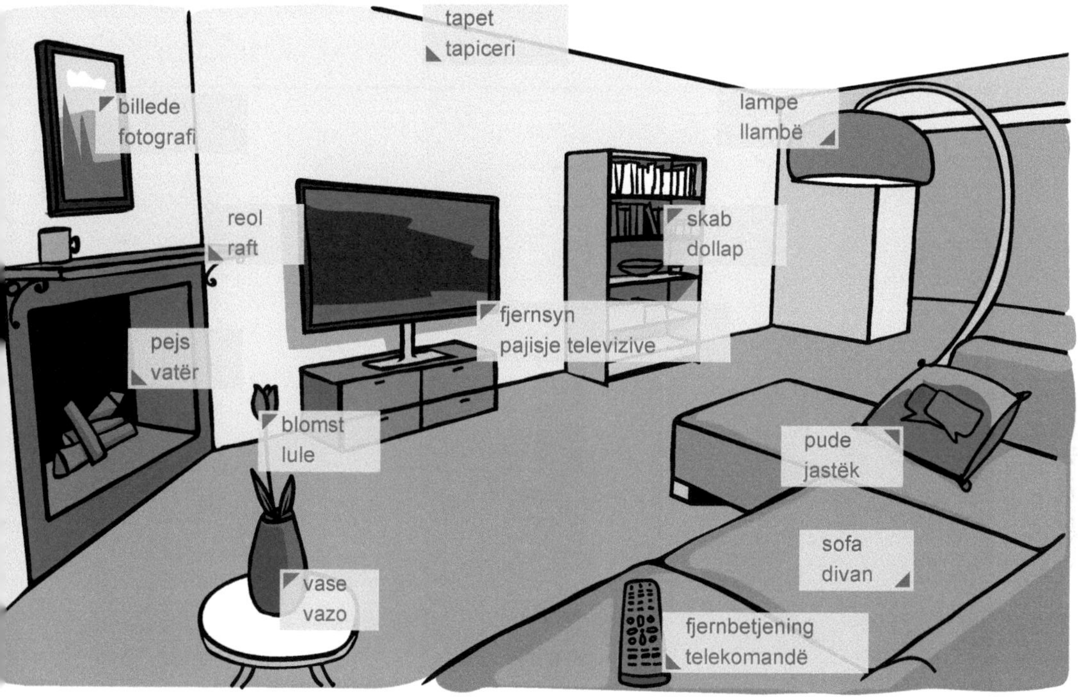

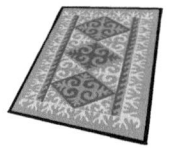

gulvtæppe

qilim

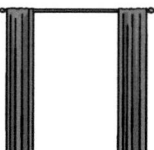

gardin

perde

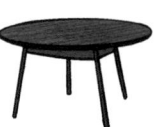

bord

tavolinë

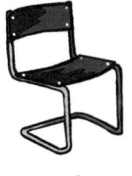

stol

karrige

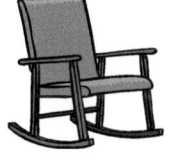

gyngestol

karrige lëkundëse

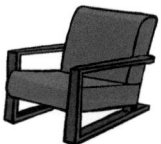

lænestol

kolltuk

bog

libri

tæppe

batanije

dekoration

zbukurime

brænde

dru zjarri

film

film

stereoanlæg

stereo

nøgle

çelës

avis

gazetë

maleri

pikturë

plakat

afishe

radio

radio

notesblok

bllok shënimesh

støvsuger

fshesë me korent

kaktus

kaktus

lys

qiri

køkken
kuzhinë

køleskab
frigorifer
mikrobølgeovn
mikrovalë
køkkenvægt
peshore kuzhine
brødrister
toster
rengøringsmiddel
detergjent
bageovn
furrë
fryserum
ngrirës
skraldespand
kosh plehërash
opvaskemaskine
lavastovilje

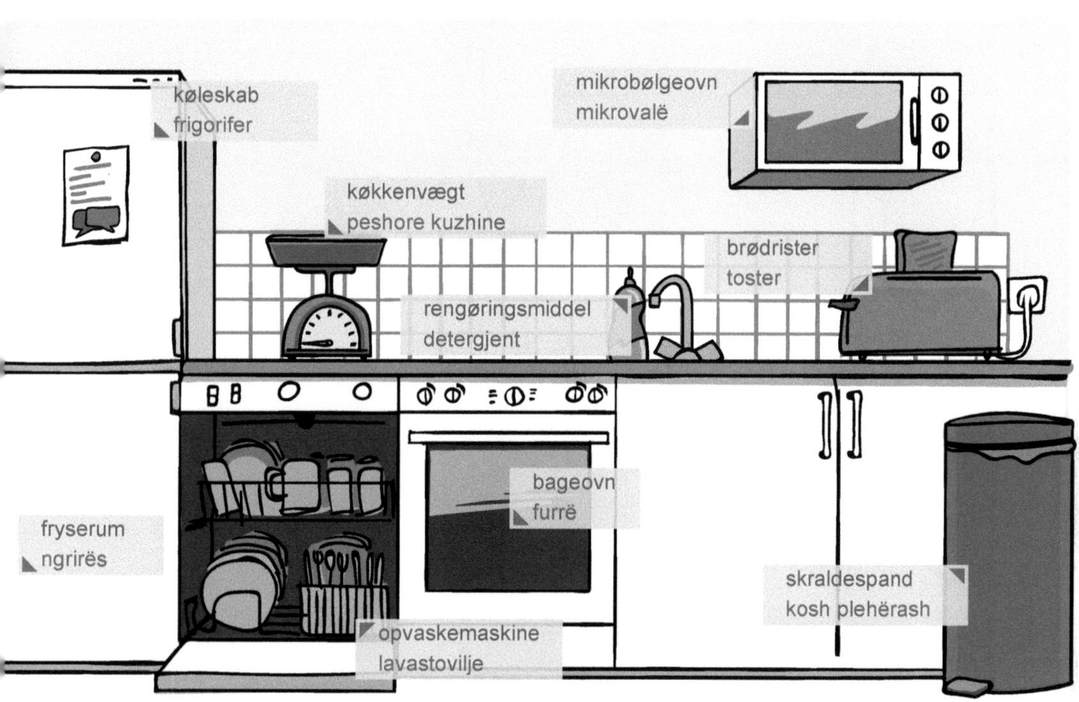

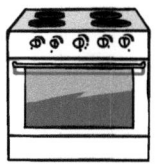

komfur

sobë

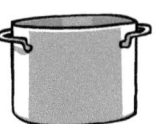

gryde

tenxhere

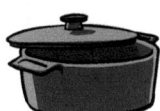

jerngryde

tenxhere me kapak

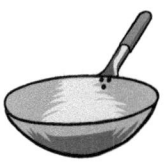

wok / kadai

tigan special (Wok)

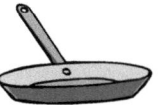

pande

tigan

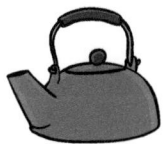

elkedel

çajnik

dampkoger

tenxhere me avull

bageplade

tavë pjekjeje

service

enë

bæger

filxhan

skål

tas

spisepinde

shkopinj

øseske

garuzhde

paletkniv

spatul

piskeris

tel kuzhine

dørslag

kulluese

si

sitë

rive

rende

morter

havan

grille

skarë

ildsted

zjarr

skærebræt

dërrasë për prerje

kagerulle

okllai

proptrækker

heqëse tapash

dåse

kanaçe

dåseåbner

hapëse kanaçeje

grydelap

rrobë për të kapur
tenxheren

køkkenvask

lavaman

børste

furçë

svamp

sfungjer

blender

përzjerës

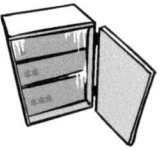

dybfryser

ngrirës

sutteflaske

biberon për lëngje

vandhane

rubinet

badeværelse

tualet

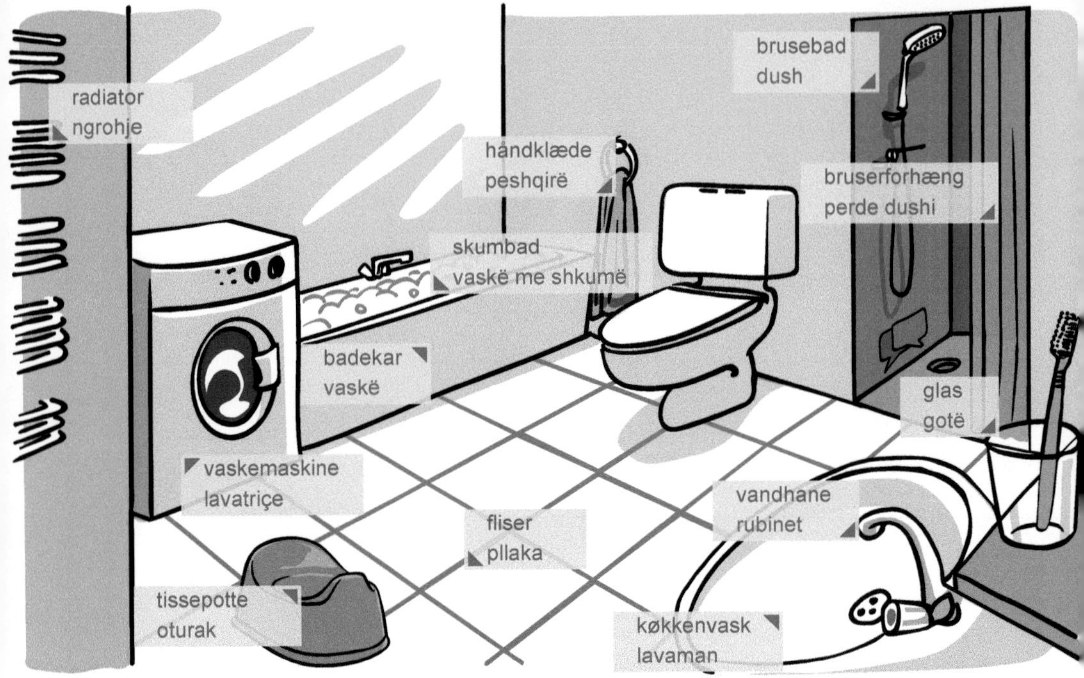

radiator
ngrohje
håndklæde
peshqirë
brusebad
dush
bruserforhæng
perde dushi
skumbad
vaskë me shkumë
badekar
vaskë
glas
gotë
vaskemaskine
lavatriçe
vandhane
rubinet
fliser
pllaka
tissepotte
oturak
køkkenvask
lavaman

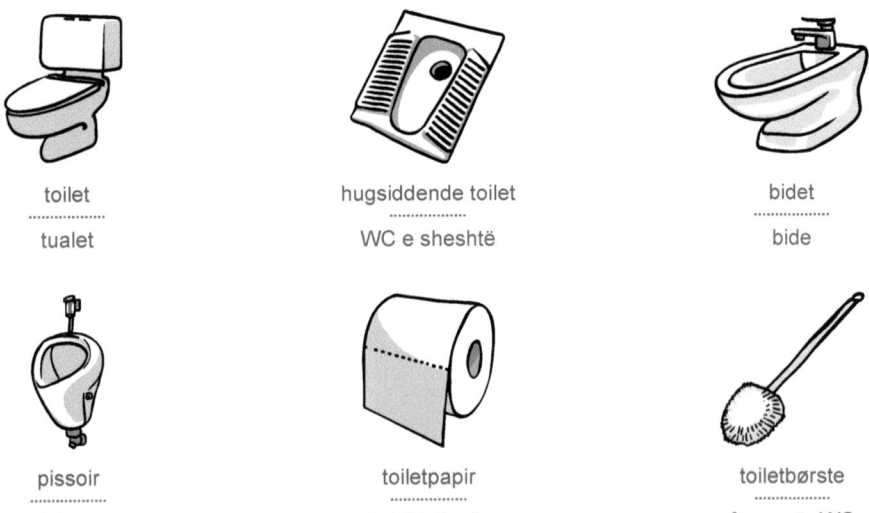

toilet

tualet

hugsiddende toilet

WC e sheshtë

bidet

bide

pissoir

tualet publik

toiletpapir

letër higjienike

toiletbørste

furçe për WC

tandbørste

furçë dhëmbësh

tandpasta

pastë dhëmbësh

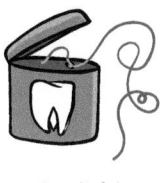

tandtråd

fije dentare

vaske

laj

håndbruser

dorezë dushi

intimbruser

larës për zonën intime

vaskefad

legen

badebørste

furçë për masazh shpine

sæbe

sapun

brusegele

shampo trupi

shampoo

shampo

vaskeklud

leckë pastruese

afløb

kullues

creme

krem

deodorant

antidjersë

spejl

pasqyrë

kosmetikspejl

pasqyrë dore

barberhøvl

brisk rroje

barberskum

shkumë rroje

barbervand

locion pas rrojes

kam

krehër

børste

furçe

hårtørrer

tharëse flokësh

hårspray

llak për flokët

makeup

grim

læbestift

buzëkuq

neglelak

manikyr

vat

mbushje pambuku

neglesaks

gërshërë për thonj

parfume

parfum

toilettaske

çantë për sendet personale

skammel

Stol

vægt

peshore

badekåbe

robëdëshambër

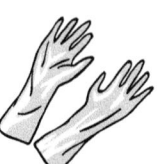

gummihandsker

dorashka gome

tampon

tampon

damebind

peceta higjienike

kemisk toilet

tualet I lëvizshëm

børneværelse
dhomë fëmijësh

vækkeur
orë me zile
bamse
lodra me pellushë
legetøjsbil
makinë lodër
skralde
rraketake
dukkehus
shtëpi kukullash
gave
dhuratë

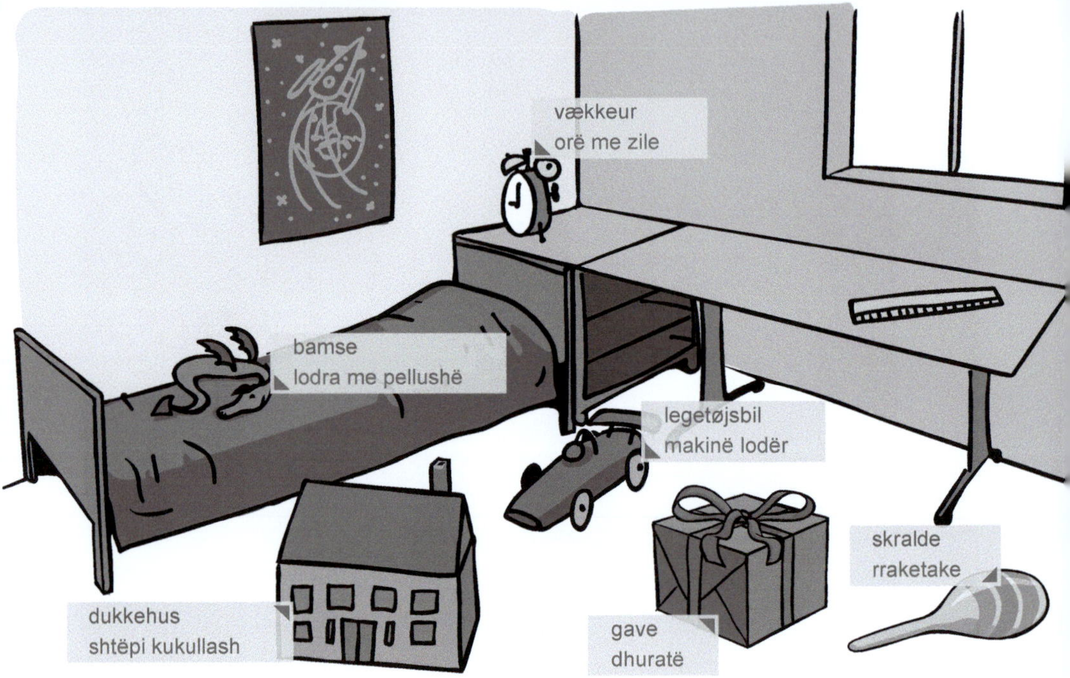

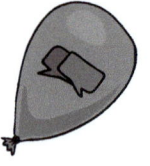

ballon

tollumbace

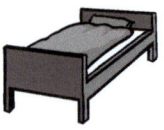

seng

krevat

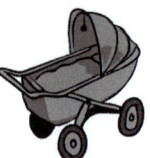

barnevogn

karrocë fëmijësh

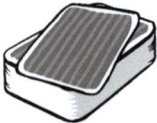

kortspil

lojë me letra

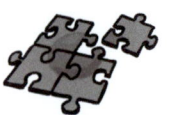

puslespil

bashkim pjesësh me figura

SUPER
MEGA

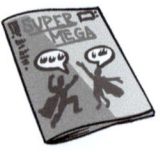

tegneserie

komik

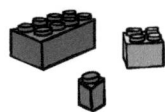

legoklodser

formuese lodër

byggeklodser

kuba plastikë

action figur

lodra

sparkedragt

badi

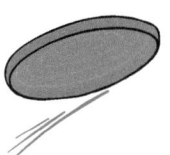

frisbee

frizbi

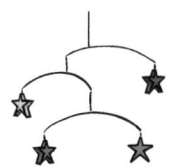

uro

lodra të varura tek krevati i fëmijëve

brætspil

tavolinë lojërash

terning

zare

modeljernbane

model treni

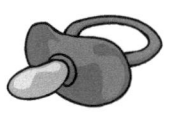

sut

biberon

fest

festë

billedbog

libër me ilustrime

bold

top

dukke

kukull

lege

luaj

sandkasse

grumbull rëre

gynge

kolovarëse

legetøj

lodra

spillekonsol

leva për lojra video

trehjulet cykel

triçikël

bamse

arush prej pellushi

klædeskab

garderobë

tøj

veshje

sokker

çorape

strømper

çorape të gjata

strømpebukser

geta

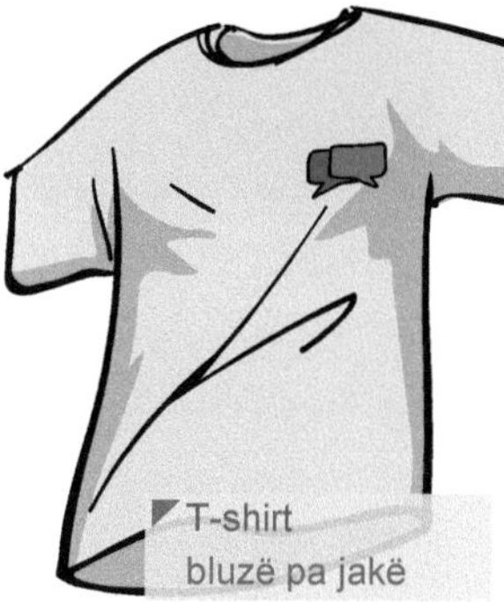

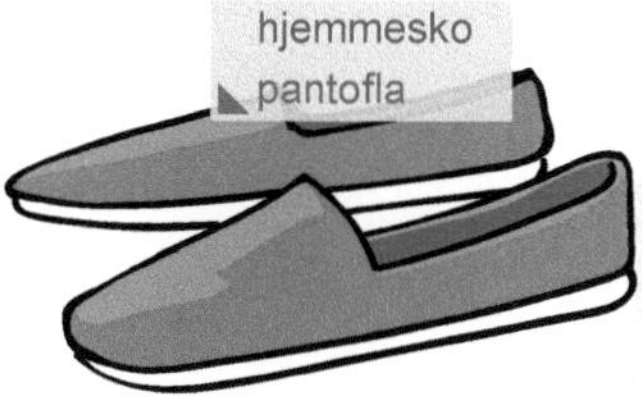

sjal
shall

bælte
rrip

paraply
çadër

T-shirt
bluzë pa jakë

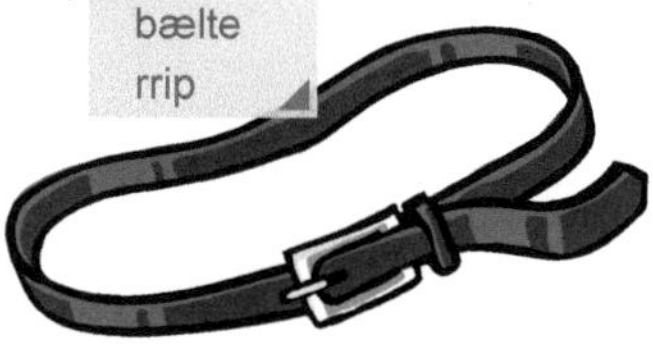

støvler
çizme

hjemmesko
pantofla

sneakers
atlete

sandaler

sandale

sko

këpucë

gummistøvler

çizme llastiku

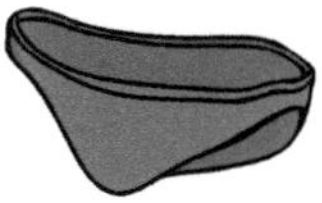

underbukser

të mbathura

BH

reçipeta

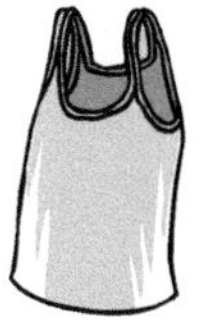

undertrøje

kanotierë

body

trup

bukser

pantallona

jeans

xhinse

nederdel

fund

bluse

bluzë

skjorte

këmishë

pullover

pulovër

sweatshirt

triko

blazer

xhaketë

jakke

xhaketë

frakke

pallto

regnfrakke

mushama shiu

kostume

kostum

kjole

fustan

brudekjole

fustan nusërie

jakkesæt

kostum

nattrøje

këmishë nate

pyjamas

pizhama

sari

sari (veshje tradicionale indiane)

hovedtørklæde

shami koke

turban

çallmë

burka

veshje për femrat e besimit musliman

kaftan

kaftan (lloj veshjeje tradicionale)

abaya

ferexhe

badedragt

kostum banje

badebukser

rroba banje

korte bukser

pantallona të shkurtra

træningsdragt

tuta sporti

forklæde

përparëse

handsker

dorashka

knap

kopsë

briller

syze

armbånd

byzylyk

kæde

gjerdan

ring

unazë

ørering

vath

hue

kapuç

bøjle

varëse për pallto

hat

kapele

slips

kravatë

lynlås

zinxhir

hjelm

helmetë

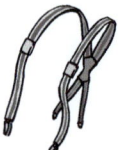

seler

tiranda

skoleuniform

uniformë shkolle

uniform

uniformë

hagesmæk
gushore

sut
biberon

ble
pelenë

![Office scene illustration]

server
server

arkivskab
skedar

printer
printer

skærm
ekran

papir
letër

mus
maus

skrivebord
tavolinë

mappe
dosje

tastatur
tastierë

papirkurv
kosh letrash

stol
karrige

computer
kompjuter

kaffekrus
filxhan kafeje

lommeregner
makinë llogaritëse

internet
internet

bærbar

kompjuter portativ

brev

letër

besked

mesazh

mobil

telefon

netværk

rrjet

kopimaskine

fotokopje

software

program

telefon

telefon

stikdåse

prizë

fax

pajisje faksi

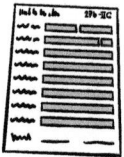

formular

formular

dokument

dokument

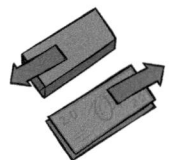

købe

blej

betale

paguaj

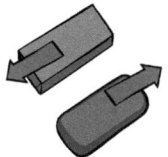

handle

tregtoj

penge

para

dollar

dollar

euro

euro

yen

jen

rubel

rubla

schweizerfranc

franga zvicerane

renminbi yuan

juani kinez

rupee

rupje

hæveautomat

bankomat

vekselkontor

pikë këmbimi valutor

guld

ar

sølv

argjend

olie

nafta

energi

energji

pris

çmim

kontrakt

kontratë

skat

taksë

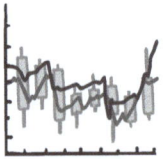

aktie

aksione

arbejde

punoj

ansat

punonjës

arbejdsgiver

punëdhënës

fabrik

fabrikë

butik

dyqan

politimand
oficer policie

brandmand
zjarrfikës

kok
kuzhinier

læge
mjek

pilot
pilot

gartner
kopshtar

tømrer
marangoz

syerske
rrobaqepëse

dommer
gjykatës

kemiker
kimist

skuespiller
aktor

buschauffør

shofer autobuzi

taxachauffør

taksist

fisker

peshkatar

rengøringskone

pastruese

tagdækker

riparues çatish

tjener

kamarier

jæger

gjuetar

maler

piktor

bager

furrxhi

elektriker

elektriçist

bygningsarbejder

ndërtues

ingeniør

inxhinier

slagter

kasap

vvs-mand

hidraulik

postbud

postieri

soldat

ushtar

arkitekt

arkitekt

kasserer

arkëtar

blomsterhandler

luleshitës

frisør

berber

togfører

kontrollor

mekaniker

mekanik

kaptajn

kapiten

tandlæge

dentist

videnskabsmand

shkencëtar

rabbiner

rabin

imam

imam

munk

murg

præst

klerik

værktøj
mjete

hammer
çekiç
tang
pinca
skruedrejer
kaçavidë
skruenøgle
çelës mekanik
lommelygte
elektrik dore

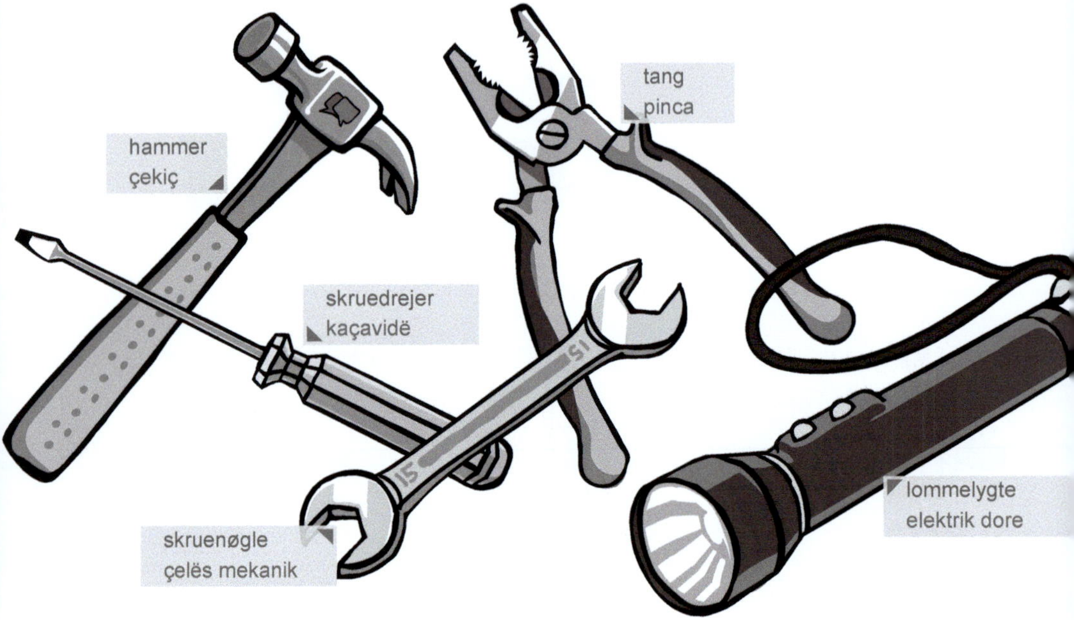

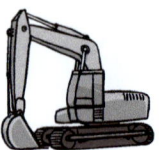

gravemaskine
ekskavator

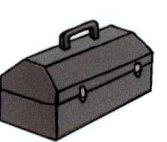

værktøjskasse
kuti veglash

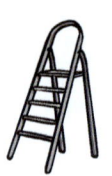

stige
shkallë

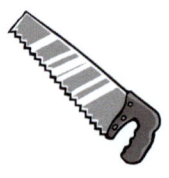

sav
sharrë

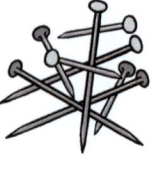

søm
gozhdë

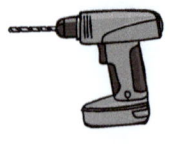

bor
trapan

reparere

riparoj

skovl

lopatë

Lort!

Dreq!

fejebakke

kaci

malerspand

kuti boje

skruer

vidhë

musikinstrumenter
instrumenta muzikorë

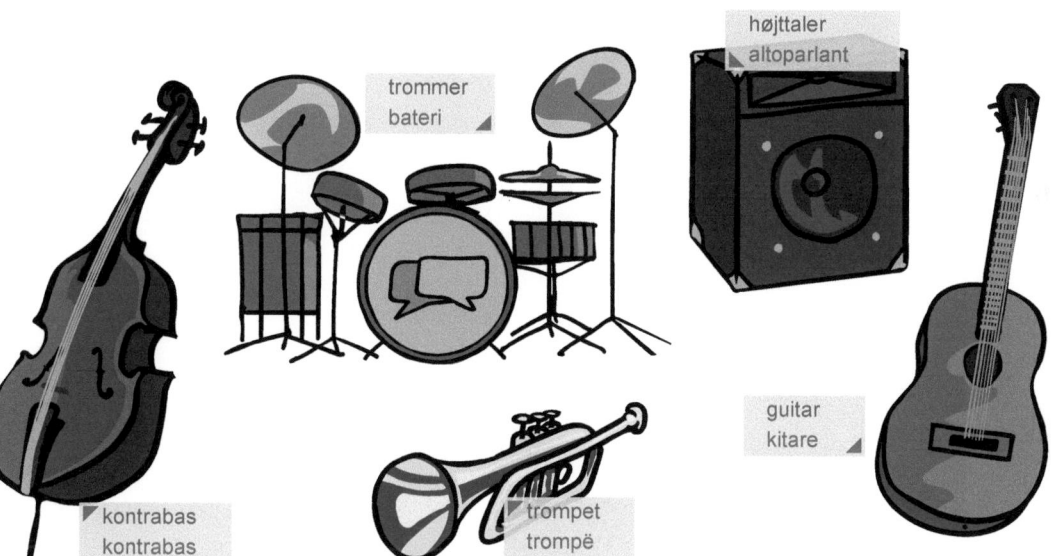

trommer / bateri

højttaler / altoparlant

guitar / kitare

kontrabas / kontrabas

trompet / trompë

klaver

piano

violin

violinë

bas

bas

pauke

tamburë

tromme

daulle

keyboard

tastierë pianoje

saxofon

saksofon

fløjte

flaut

mikrofon

mikrofon

kopsht zoologjik

tiger
tigër

indgang
hyrje

bur
kafaz

zebra
zebër

dyrefoder
ushqim për kafshë

panda
panda

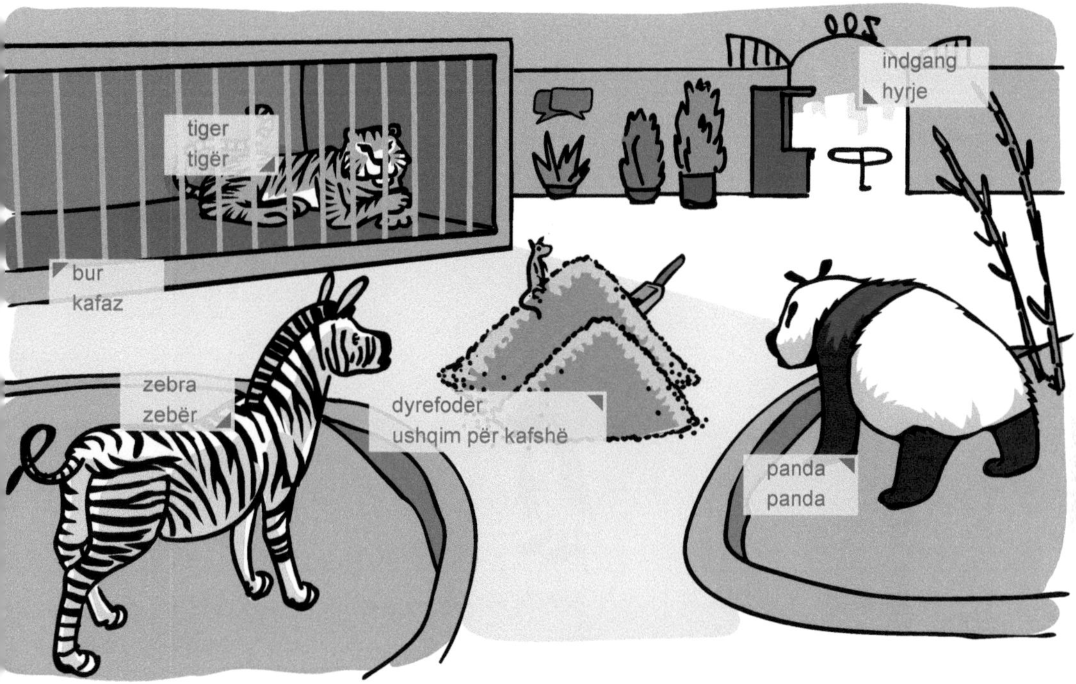

dyr
....
kafshë

elefant
....
elefant

kænguru
....
kangur

næsehorn
....
rinoceront

gorilla
....
gorillë

bjørn
....
ari

kamel

deve

struds

struc

løve

luan

abe

majmun

flamingo

flamingo

papegøje

papagall

isbjørn

ari polar

pingvin

pinguin

haj

peshkaqen

påfugl

pallua

slange

gjarpër

krokodille

krokodil

dyrepasser

punonjës i kopshtit zoologjik

sæl

fokë

jaguar

xhaguar

pony
poni

leopard
leopard

flodhest
hipopotam

giraf
gjirafë

ørn
shqiponjë

vildsvin
derr i egër

fisk
peshk

skildpadde
breshkë

hvalros
lopë deti

ræv
dhelpër

gazelle
gazelë

amerikansk football
futboll amerikan

cykling
çiklizëm

tennis
tenis

basketball
basketboll

svømning
not

boksning
boks

ishockey
hokej mbi akull

fodbold
futboll

badminton
badminton

atletik
atletikë

håndbold
hendboll

skiløb
ski

polo
polo

springe
hidhem

give et knus
përqafoj

grine
qesh

gå
eci

synge
këndoj

bede
lutem

kysse
puth

drømme
ëndërroj

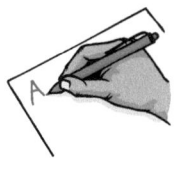

skrive

shkruaj

tegne

vizatoj

vise

tregoj

skubbe

shtyj

give

jap

tage

marr

have
kam

gøre
bëj

være
jam

stå
qëndroj

løbe
vrapoj

trække
tërheq

kaste
hedh

falde
bie

ligge
shtrihem

vente
pres

bære
mbaj

sidde
ulem

tage på
vishem

sove
fle

vågne
zgjohem

aktiviteter - aktivitet

se på

shikoj

græde

qaj

ae

përkëdhel

kæmme

kreh

tale

bisedoj

forstå

kuptoj

spørge

kërkoj

høre

dëgjoj

drikke

pi

spise

ha

rydde op

sistemoj

elske

dashuroj

koge

gatuaj

køre

drejtoj makinën

flyve

fluturoj

sejle

lundroj

regne

llogaris

læse

lexoj

lære

mësoj

arbejde

punoj

gifte sig med

martohem

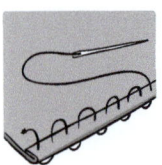

sy

qep

børste tænder

laj dhëmbët

dræbe

vras

ryge

tymos

sende

dërgoj

bedstemor
gjyshe

bedstefar
gjysh

far
baba

mor
nënë

baby
bebe

datter
vajzë

søn
djalë

gæst

mysafir

tante

teze, hallë

onkel

dajë, xhaxha

bror

vëlla

søster

motër

krop
trupi

pande
balli
øje
syri
skulder
shpatulla
finger
gishti
ansigt
fytyra
hage
mjekra
hånd
dora
ben
këmba
bryst
krahërori
arm
krahu

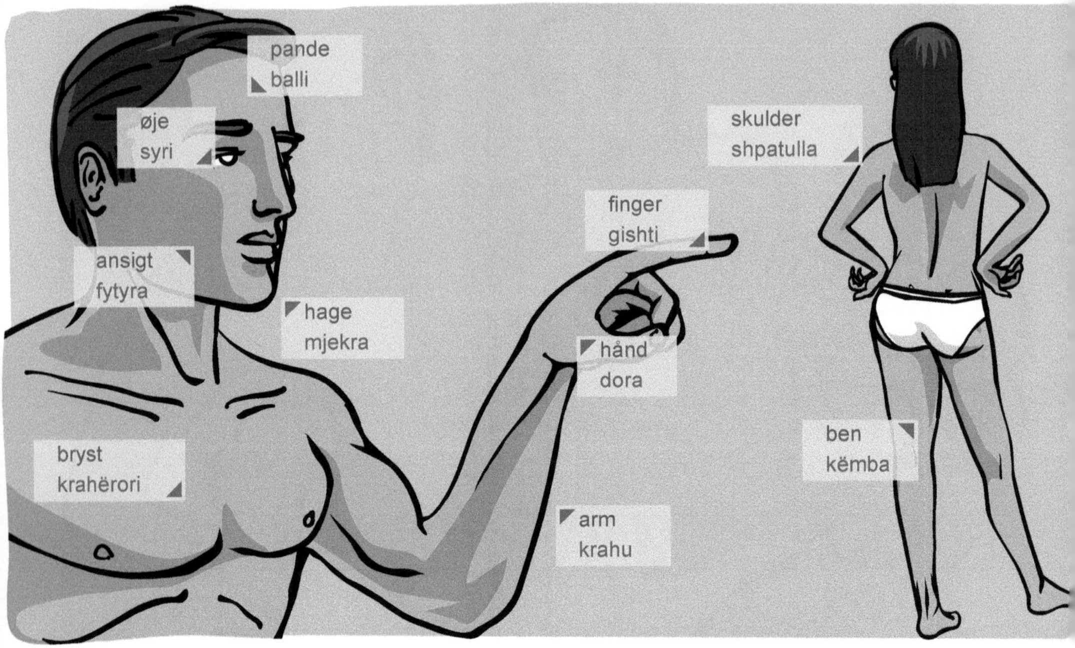

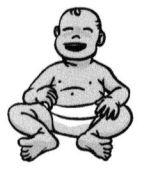

baby
bebe

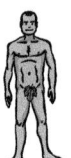

mand
burrë

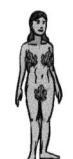

kvinde
grua

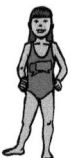

pige
vajzë

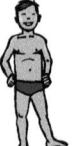

dreng
djalë

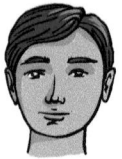

hoved
koka

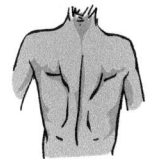

ryg

shpina

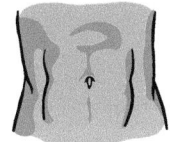

mave

barku

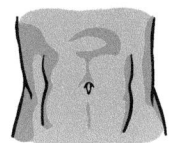

navle

kërthiza

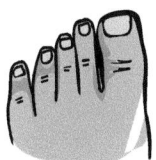

tå

gisht këmbe

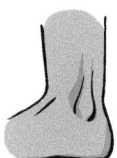

hæl

Thembra

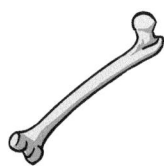

knogle

kockë

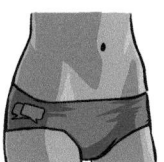

hofte

legeni

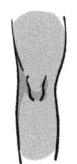

knæ

gjuri

albue

bërryli

næse

hunda

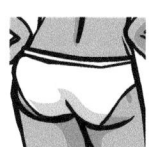

bagdel

vithe

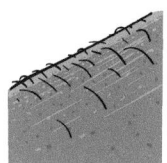

hud

lëkura

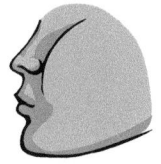

kind

faqja

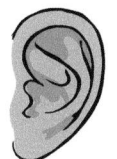

øre

veshi

læbe

buza

krop - trupi

mund
goja

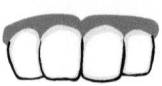

tand
dhëmbët

tunge
gjuha

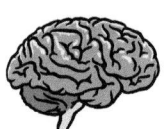

hjerne
truri

hjerte
zemra

muskel
muskul

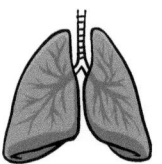

lunge
mushkëria

lever
mëlçia

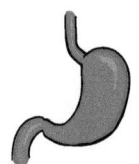

mavesæk
stomaku

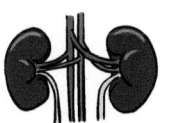

nyrer
veshka

sex
seks

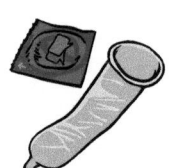

kondom
prezervativ

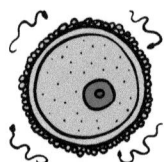

ægcelle
veza

sperm
sperma

svangerskab
shtatëzani

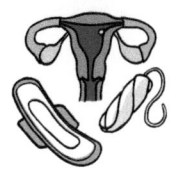

menstruation

menstruacione

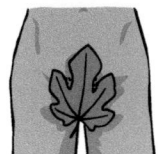

vagina

vagina

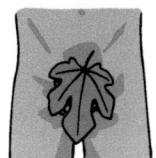

penis

penis

øjenbryn

vetulla

hår

flokët

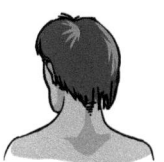

hals

qafa

sygehus

spital

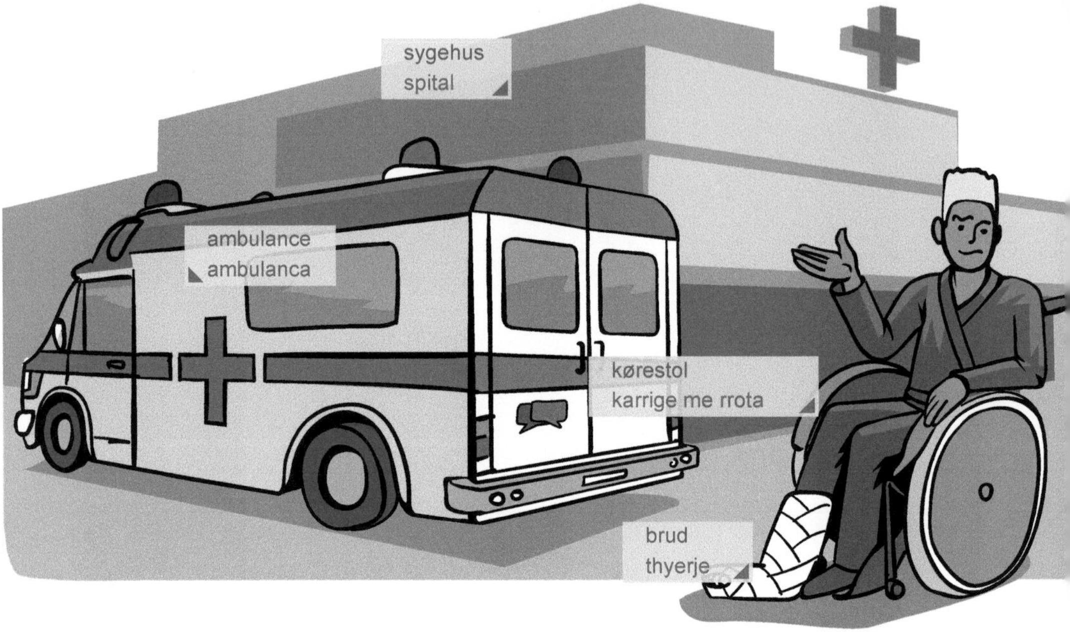

sygehus
spital
ambulance
ambulanca
kørestol
karrige me rrota
brud
thyerje

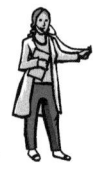

læge

mjek

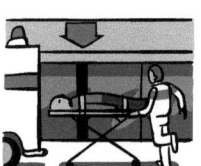

akutmodtagelse

sallë urgjencash

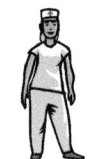

sygeplejerske

infermiere

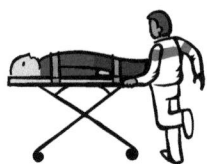

nødstilfælde

emergjencë

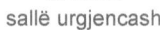

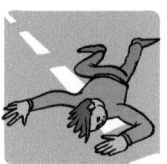

bevidstløs

i pandërgjegjshëm

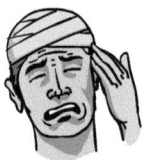

smerte

dhimbje

skade

dëmtim

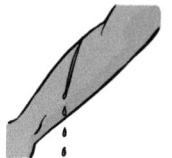

blødning

gjakosje

hjerteinfarkt

infarkt

slagtilfælde

goditje

allergi

alergji

hoste

kolla

feber

ethe

influenza

grip

diarré

diarre

hovedpine

dhimbje koke

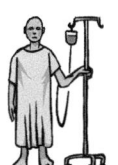

kræft

kancer

diabetes

diabet

kirurg

kirurg

skalpel

bisturi

operation

operacion

CT

CT (skaner)

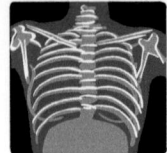

røntgen

radiografi

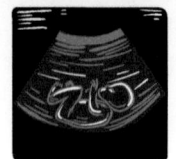

ultralyd

ultratingull

maske

maskë fytyre

sygdom

sëmundje

venteværelse

dhomë pritjeje

krykke

paterica

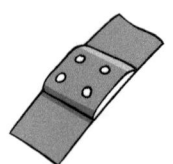

plaster

leukoplast

forbinding

fasho

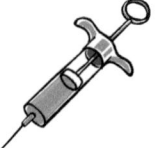

injektion

injeksion

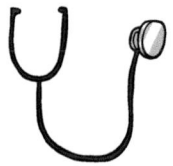

stetoskop

stetoskop

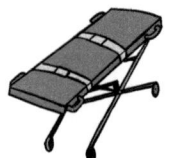

båre

barelë

termometer

termometër

fødsel

lindje

overvægt

mbipeshë

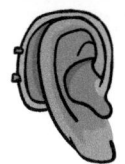

høreapparat

aparat dëgjimi

desinficerende middel

dezinfektant

infektion

infeksion

virus

virus

HIV / AIDS

HIV / AIDS

medicin

mjekësi, mjekim

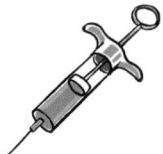

vaccination

vaksinim

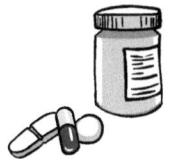

tabletter

tableta

pille

pilulë

nødopkald

telefonatë emergjence

blodtryksmåler

aparat tensioni

syg / rask

i sëmurë / i shëndetshëm

Hjælp!

Ndihmë!

alarm

alarm

overfald

sulm

angreb

atak

fare

rrezik

nødudgang

dalje emergjence

Det brænder!

Zjarr!

ildslukker

fikëse zjarri

uheld

aksident

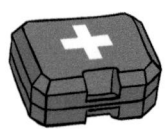

førstehjælps-kuffert

kuti e ndimës së shpejtë

SOS

SOS

politi

policia

Europa

Europa

Nordamerika

Amerika e Veriut

Sydamerika

Amerika e Jugut

Afrika

Afrika

Asien

Azia

Australien

Australia

Atlanterhavet

Atlantiku

Stillehavet

Paqësori

Indiske Ocean

Oqeani Indian

Sydlige Ishav

Oqeani Antarktik

Ishav

Oqeani Arktik

Nordpol

Poli i veriut

Sydpol

Poli i Jugut

Antarktis

Antarktida

Jorden

toka

land

tokë

hav

det

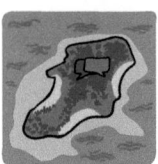

ø

ishull

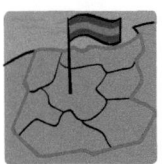

nation

komb

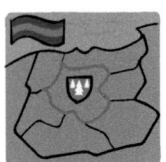

stat

shtet

urskive

fusha e orës

timeviser

akrepi i orës

minutviser

akrepi i minutave

sekundviser

akrepi i sekondave

Hvad er klokken?

Sa është ora?

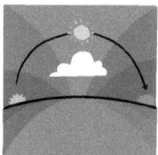

dag

ditë

tid

kohë

nu

tani

digitalur

orë dixhitale

minut

minutë

time

orë

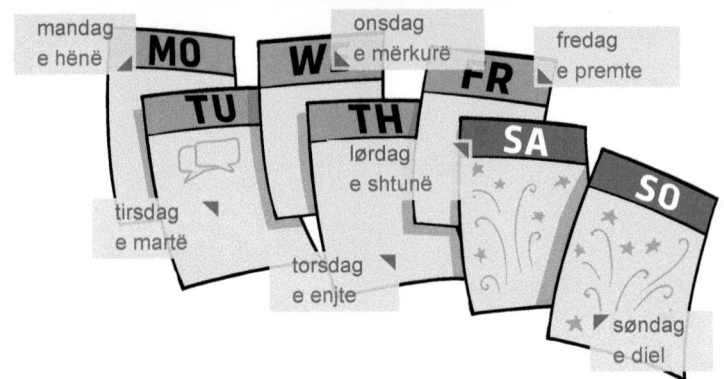

mandag
e hënë

onsdag
e mërkurë

fredag
e premte

tirsdag
e martë

torsdag
e enjte

lørdag
e shtunë

søndag
e diel

i går
....
dje

i dag
....
sot

i morgen
....
nesër

morgen
....
mëngjes

middag
....
mesditë

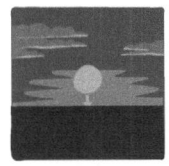

aften
....
mbrëmje

arbejdsdage
....
ditë pune

weekend
....
fundjavë

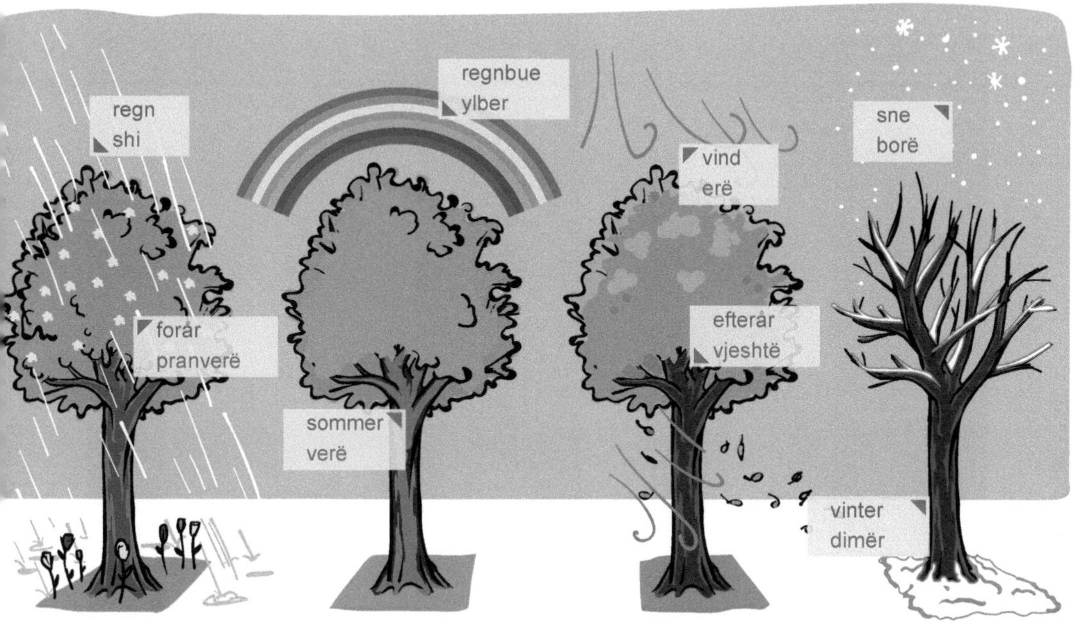

regn
shi

regnbue
ylber

vind
erë

sne
borë

forår
pranverë

sommer
verë

efterår
vjeshtë

vinter
dimër

4.APRIL	11°	☀
5.APRIL	4°	☁
6.APRIL	13°	☁
7.APRIL	8°	❄
8.APRIL	10°	☀

vejrudsigt

parashikimi i motit

termometer

termometër

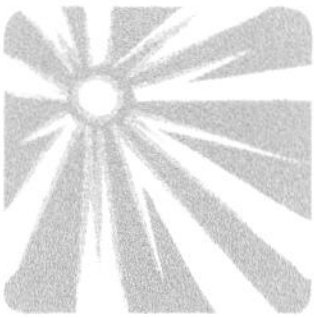

solskin

ndriçim dielli

sky

re

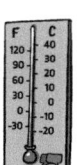

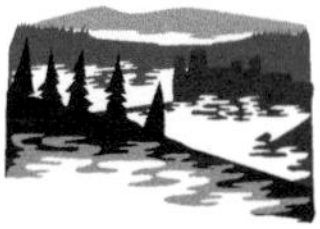

tåge

mjegull

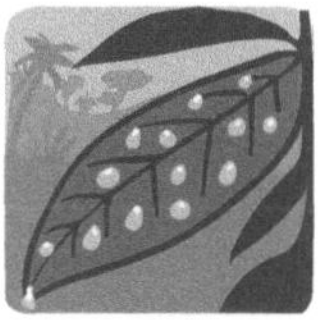

luftfugtighed

lagështi

lyn

vetëtima

torden

gjëmim

storm

stuhi

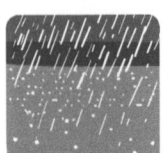

hagl

breshër

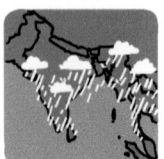

monsun

muson

flod

përmbytje

is

akull

januar

janar

februar

shkurt

marts

mars

april

prill

maj

maj

juni

qershor

juli

korrik

august

gusht

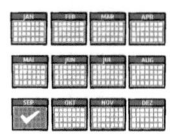

september
....
shtator

oktober
....
tetor

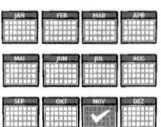

november
....
nëntor

december
....
dhjetor

former
forma

cirkel
....
rreth

kvadrat
....
katror

firkant
....
drejtkëndësh

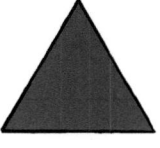

trekant
....
trekëndësh

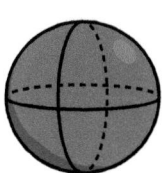

kugle
....
sferë

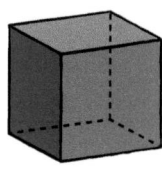

terning
....
kub

hvid

e bardhë

gul

e verdhë

orange

portokalli

pink

rozë

rød

e kuqe

lilla

vjollcë

blå

blu

grøn

e gjelbër

brun

kafe

grå

gri

sort

e zezë

meget / lidt

shumë / pak

rasende / fredelig

i nevrikosur / i qetë

smuk / grim

i bukur / i shëmtuar

begyndelse / slut

fillim / fund

stor / lille

i madh / i vogël

lys / mørk

i ndritshëm / i errët

bror / søster

vëlla / motër

ren / snavset

e pastër / e pistë

fuldkommen / ufuldkommen

e plotë / jo e plotë

dag / nat

ditë / natë

død / levende

gjallë / vdekur

bred / smal

i gjerë / i ngushtë

spiselig / uspiselig

i ngrënshëm / i
pangrënshëm

vred / venlig

i keq / i këndshëm

ophidset / kedet

i lumtur / i mërzitur

tyk / tynd

i shëndoshë / i dobët

først / sidst

e para / e fundit

ven / fjende

mik / armik

fuld / tom

plot / bosh

hård / blød

e fortë / e butë

tung / let

e rëndë / e lehtë

sult / tørst

uri / etje

syg / rask

i sëmurë / i shëndetshëm

illegal / legal

e paligjshme / e ligjshme

intelligent / dum

i zgjuar / budalla

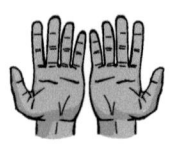

venstre / højre

majtas / djathtas

nær / fjern

afër / larg

ny / brugt
e re / e përdorur

intet / noget
asgjë / diçka

gammel / ung
i moshuar / i ri

tændt / slukket
ndezur / fikur

åben / lukket
hapur / mbyllur

stille / højt
i qetë / i zhurmshëm

rig / fattig
i pasur / i varfër

rigtig / forkert
e drejtë / e gabuar

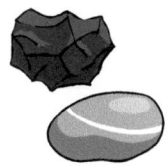

ru / glat
i ashpër / i butë

ked af det / lykkelig
i mërzitur / i lumtur

kort / lang
i shkurtër / i gjatë

langsom / hurtig
ngadalë / shpejt

våd / tør
i lagësht / i thatë

varm / kold
ngrohtë / freskët

krig / fred
luftë / paqe

0

nul

zero

1

en

një

2

to

dy

3

tre

tre

4

fire

katër

5

fem

pesë

6

seks

gjashtë

7

syv

shtatë

8

otte

tetë

9

ni

nentë

10

ti

dhjetë

11

elleve

njëmbëdhjetë

12
tolv
dymbëdhjetë

13
tretten
trembëdhjetë

14
fjorten
katërmbëdhjetë

15
femten
pesëmbëdhjetë

16
seksten
gjashtëmbëdhjetë

17
sytten
shtatëmbëdhjetë

18
atten
tetëmbëdhjetë

19
nitten
nentëmbëdhjetë

20
tyve
njëzetë

100
hundrede
qind

1.000
tusinde
mijë

1.000.000
million
milion

engelsk

anglisht

amerikansk engelsk

anglishte amerikane

kinesisk mandarin

kinezisht mandarin

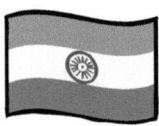

hindi

hindi

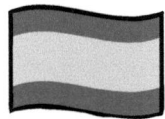

spansk

spanjisht

fransk

frëngjisht

arabisk

arabisht

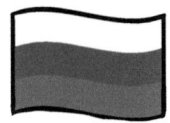

russisk

rusisht

portugisisk

portugalisht

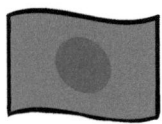

bengalsk

bengalisht

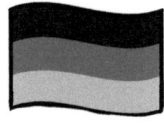

tysk

gjermanisht

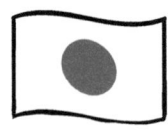

japansk

japonisht

jeg

unë

du

ti

han / hun / den / det

ai / ajo

vi

ne

I

ju

de

ata

hvem?

kush?

hvad?

çfarë?

hvordan?

si?

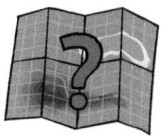

hvor?

ku?

hvornår?

kur?

navn

emër

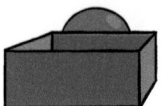

bag
pas

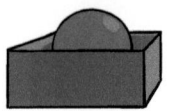

i
në

foran
përballë

over
sipër

på
mbi

under
poshtë

ved siden af
pranë

imellem
midis

sted
vend